ÉLOGE

DE VELPEAU

PRONONCÉ A LA SÉANCE SOLENNELLE

DE LA SOCIÉTÉ DE CHIRURGIE

LE 20 JANVIER 1869

PAR

ULYSSE TRÉLAT

Secrétaire général

PARIS

VICTOR MASSON ET FILS

PLACE DE L'ÉCOLE-DE-MÉDECINE

1869

ÉLOGE

DE VELPEAU

Les routes les plus diverses conduisent à la célébrité, et si généralement elle présage l'illustration future, il s'en faut que la postérité ratifie toujours le jugement des contemporains. Souvent elle le renverse : le bruit qui s'était fait autour d'une existence s'éteint et meurt avec elle, tandis que la juste renommée exhume parfois un nom ignoré jusque-là pour l'entourer de l'auréole immortelle.

A ne considérer que les hommes de science, ne voit-on pas l'œuvre des uns promptement emportée par cette marée toujours montante des recherches nouvelles, pendant que celle des autres, semence féconde et lente à éclore, grandit et s'élève sur les flots du temps.

Chaque fois, messieurs, qu'un homme a été considéré pendant sa vie comme une lumière dans sa profession, comme un maître dans son art, comme une autorité dans la science, il est utile de chercher après l'achèvement de sa carrière, comment il a conquis cette haute situation, par quelles œuvres originales ou laborieuses il y est parvenu, et de fixer le rang que lui donneront ses travaux dans le souvenir des générations.

Je sais les écueils dont est semée cette recherche. De l'un et de l'autre côté on peut se perdre dans l'éloge systématique ou dans la critique passionnée, souvent injuste. Il faut suivre l'étroit chenal de l'impartialité, avoir pour boussole une érudition sans lacunes, pour phare un jugement sans défaillances et embrasser d'un regard assuré l'ensemble et les détails du tableau sans se laisser aveugler par leur nombre et leur proximité.

Peut-être aurais-je dû reculer devant une entreprise aussi périlleuse et laisser l'histoire promener son flambeau sur la vie scientifique dont je vais vous parler ; peut-être eût-il mieux valu vous rappeler dans cette séance solennelle, les chers collègues que la mort nous a récemment enlevés et dont les places ne sont point encore remplies : Debout, Foucher, Laborie le plus généreux bienfaiteur de notre société.

Ma voix n'eût été que l'écho de vos regrets, et, soutenu par vos souvenirs, parlant le langage de vos sympathies, j'eusse facilement satisfait à mes fonctions en exprimant mes sentiments personnels d'estime et d'affection.

Mais, j'ai cru, messieurs, et je n'ai pas été seul à le penser, que lorsque la chirurgie perd un de ses maîtres les plus éminents, un de ses adeptes les plus assidus, un homme dont le nom avait depuis longtemps fait le tour du globe et dont l'enseignement fécond a créé des phalanges d'élèves distingués, j'ai cru que la Société de chirurgie de Paris ne pouvait garder un plus long silence sur celui qui compta parmi les plus respectés de ses membres.

Il y a dix ans que Velpeau siégeait parmi nous. Dès que ses statuts fondamentaux l'avaient permis, notre compagnie s'était hâtée d'attirer dans son sein cette haute autorité fondée sur une expérience incontestée. Il était venu s'asseoir à côté de son maître et ami M. Cloquet, à la place de son autre maître Roux, et de son émule Gerdy. En le nommant membre honoraire, par un vote unanime, la Société de chirurgie lui avait rendu un juste et légitime hommage. C'était un des siens qu'elle recouvrait pour ainsi dire après une longue absence. Au déclin de sa rude carrière, rassasié de succès, blasé d'honneurs et de dignités, il trouvait encore plaisir et même bonheur à se joindre à nous. Il y venait souvent et semblait à l'aise dans cette atmosphère où retentissaient sans cesse les questions de science qui avaient intéressé ou passionné sa jeunesse et son âge mûr.

D'ailleurs, c'était presque une famille qu'il retrouvait ici : les fils et les petits-fils de son enseignement. Aussi prenait-il souvent la parole, soit pour rétablir des faits historiques, soit pour fournir le concours de son expérience à la solution de problèmes délicats de diagnostic ou de thérapeutique. N'ayant pas à se tenir en garde contre les adversaires opiniâtres avec lesquels il s'était si souvent mesuré dans d'autres enceintes, il s'expri-

mait simplement et avec bienveillance. La fréquentation
d'hommes relativement jeunes était un délassement pour lui
et une sorte de récréation dernière après les austères occupa-
tions de toute sa vie.

Vous la connaissez, messieurs, cette existence ! Nous l'avons
tous suivie pendant un temps plus ou moins long, et quelques
jours se sont à peine écoulés depuis qu'une voix éloquente (1)
en racontait les péripéties et les victorieux labeurs.

Vous savez comment le pauvre enfant d'un artisan de village,
guidé par une mâle ambition, son courage et sans doute une
véritable vocation, parvint à escalader les gigantesques éche-
lons qui le séparaient des classes éclairées de la société.

Certes, les exemples d'audace ne sont pas rares. Depuis les
plus inutiles témérités jusqu'aux plus généreux dévouements,
on pourrait en dresser une longue liste pour la gloire des passions humaines. Mais c'est un spectacle émouvant de voir un
jeune homme se lancer seul, sans guide, sans ressources,
presque sans appui, à la conquête de son avenir sur cet océan
social dont la surface tranquille recouvre tant de désastres et
tant de naufrages !

A l'âge de vingt et un ans, Velpeau arrivait à Tours pour
étudier la médecine. Il savait à peine sa langue. En moins de
deux ans, il est officier de santé; puis, sans s'arrêter à ce premier relai, il comble en deux nouvelles années l'immense
vide de son instruction première et conquiert ses titres uni-
versitaires. Une première entrave était rompue. Grâce à une
petite épargne de 400 francs lentement couvée, il put enfin
partir pour Paris et poursuivre sa route. Là, il faillit succomber
à la misère. Vivre était tout pour un pareil homme ; il sentit le
moment où les moyens de vivre allaient lui manquer. Heu-
reusement ce moment fut court : au bout d'un an il était lau-
réat de l'Ecole pratique, et quelques mois plus tard aide d'anatomie à la Faculté. Évidemment l'officier de santé n'avait pas
perdu son temps à l'hôpital de Tours.

En 1823, âgé de vingt-huit ans, Velpeau était docteur en
médecine, chef de clinique et nommé, au premier concours
institué pour l'agrégation, agrégé dans la section de médecine.
Dès lors il avait rattrapé et dépassé la plupart de ses camara-
des qui avaient commencé leur instruction dès l'enfance.

C'est à cette époque que sa carrière scientifique se dessine.
Mettant à profit sa double situation d'aide d'anatomie et de
chef de clinique à l'hôpital de la Faculté, au milieu d'un en-

(1) M. Béclard, séance solennelle de l'Académie de médecine, décembre 1868.

seignement incessant, il accumule des matériaux considérables pour un avenir prochain.

A l'hôpital, il s'occupe de chirurgie et d'accouchements. A l'amphithéâtre, il reprend un projet naguère formé avec M. Jules Cloquet et prépare son Traité d'anatomie chirurgicale, dont le premier volume paraît en 1825 et le second en 1826.

En même temps, il donnait un mémoire Sur la phlegmatia alba dolens, et bientôt il fournit à l'Institut une série de communications sur les enveloppes de l'œuf.

Le mémoire renferme des idées justes sur le rôle des veines et des lymphatiques dans la production de la maladie. C'est là que sont nettement indiquées la résorption des liquides utérins putrides, les conséquences de cette résorption sur la composition du sang et l'influence du liquide sanguin sur l'économie tout entière. C'était un premier souvenir des doctrines de l'hôpital de Tours.

Les recherches d'ovologie présentées à l'Institut étaient la base d'un ouvrage qui parut seulement en 1833 sous le titre d'Embryologie ou ovologie humaine, ouvrage luxueusement édité, avec des planches remarquables, et reposant sur un nombre de recherches et d'observations personnelles si considérable que l'auteur semblait disposé à faire table rase de tous les travaux antérieurs, et à résoudre par ses seules forces tous les problèmes alors si controversés de l'ovologie. Haute mais téméraire prétention ! L'embryologie véritable, le développement de l'embryon, était à peine touchée ; la nature et la forme de la caduque étaient méconnues ; la description de l'allantoïde restait à faire.

Que le développement de l'embryon et celui de l'allantoïde n'aient pas été saisis par Velpeau, cela se conçoit, avec les moyens d'observation dont il disposait ; mais ce qui est surprenant, et prouve combien sont puissantes et tenaces les idées préconçues même chez les meilleurs esprits, c'est de le voir interpréter au bénéfice de la théorie régnante les dessins si exacts de Hunter, de Prochels et les siens propres, en rejetant comme inexact, mal reproduit ou accidentel tout ce qui ne cadrait pas avec les besoins de sa démonstration.

Bien des savants français et étrangers, Coste, Courty, Baer, Bischoff se sont illustrés depuis en poursuivant des recherches analogues, et surtout en rectifiant les erreurs persistantes ; mais, malgré ses lacunes et ses imperfections, l'Ovologie humaine reste une œuvre considérable par son originalité, par les documents nombreux qu'elle fournissait, enfin et surtout parce que toutes les observations étaient faites sur l'œuf humain.

Chaque époque a ses besoins et ses tendances, et de même que dans ces dernières années les travaux des anatomistes ont surtout porté sur l'histogénie et l'histologie pour répondre aux desiderata nouveaux de la physiologie et de la pathologie, de même, il y a quarante ans, un mouvement général dont les chefs avaient été d'abord Roux et surtout Béclard, poussait les recherches anatomiques vers les applications chirurgicales. Bien que l'idée ne fût pas absolument nouvelle, qu'il y eût eu en France et à l'étranger quelques tentatives partielles, Velpeau eut le mérite de lui donner le premier une réalisation d'ensemble. Quelques mois après, Blandin entrait dans la même voie. Mais le point de vue du premier était plus large que celui du second. On pourrait dire que Blandin visait surtout la médecine opératoire, tandis que Velpeau avait en vue la chirurgie tout entière. Il s'en fallait que ce programme fût atteint immédiatement; l'œuvre première était défectueuse en plus d'un point, mais des modifications et des additions considérables effectuées pour la deuxième et la troisième édition de 1833 et de 1837 la placèrent au rang des livres classiques et servirent, sinon de modèle, au moins d'exemple à d'autres traités sur le même sujet. Je n'ai pas besoin de rappeler le livre si remarquable et si original de Malgaigne et plus tard celui de notre collègue M. Richet, qui a su remplacer ses deux devanciers en faisant profit de l'un et de l'autre.

Un petit mémoire publié à cette même époque était encore une réminiscence de Tours et de l'enseignement de Bretonneau. Il portait sur un moyen thérapeutique auquel Velpeau eut souvent recours pendant sa longue pratique et qui est resté fort utile dans un bon nombre de cas. Il s'agit de l'EMPLOI DU BANDAGE COMPRESSIF DANS PLUSIEURS INFLAMMATIONS DES MEMBRES. Un passage de ce travail m'a frappé : c'est celui où l'auteur, essayant de donner le motif théorique de l'efficacité de la compression, expose que l'inflammation pourrait bien consister plutôt dans un état de paresse et d'atonie des tissus que dans une suractivité fonctionnelle. On se souvient involontairement de la vieille querelle du *strictum* et du *laxum ;* mais personne n'ignore que les recherches récentes sur la circulation et ses troubles pathologiques ont apporté un singulier appui à cette hypothèse.

L'hôpital de la Faculté recevait alors comme aujourd'hui des femmes en couches en même temps que des affections chirurgicales. Seulement, les unes et les autres étaient soignées dans le même service. En sa qualité de chef de clinique, Velpeau les observait ensemble. Pendant qu'il rendait compte, dans les Archives générales de médecine, des cliniques chirurgicales de Bougon, de Roux et de M. Cloquet, il mettait en ordre les matériaux de ses leçons sur les accouchements, et en 1829 les publiait sous le titre de Traité élémentaire de l'art des accouchements, ou principes de tokologie et d'embryologie. Six ans après, en 1835, le traité élémentaire était complétement remanié, recevait une foule de chapitres nouveaux et surtout une addition qui avait coûté une peine infinie à l'auteur, suivant sa propre expression, celle de notes bibliographiques qui faisaient totalement défaut à la première édition. Grâce à ces changements fondamentaux, le livre devenait un Traité complet de l'art des accouchements. L'épithète était juste ; l'obstétrique ou obstétricie, propre terme de Velpeau, était présentée là avec une ampleur et des développements qui distançaient les travaux antérieurs. La littérature étrangère, ses connaissances chirurgicales, des relevés numériques sur la fréquence relative des présentations, des positions, sur la mortalité des femmes en couches, étaient les sources principales auxquelles l'auteur avait puisé. Cette voie ne devait plus être abandonnée ; elle était féconde et n'avait besoin que d'être suivie avec un peu plus de lenteur et de méditation.

Je me demande cependant pour quel motif regrettable les documents sur la mortalité normale ou accidentelle de l'accouchement ont été si longtemps négligés dans les ouvrages ultérieurs. Un silence de trente ans a été le résultat de cet oubli, et il a fallu des efforts multipliés et des recherches immenses pour porter la lumière dans cette obscurité et ramener les regards sur la réalité. Et encore est-il juste de rapporter aux chirurgiens les travaux faits dans notre pays sur ce grave sujet.

En 1828, Velpeau fut nommé chirurgien de l'hôpital Saint-Antoine, et dans l'été de 1830 passa à la Pitié, où il resta jusqu'en 1834. Sa carrière, un peu indécise jusque-là prit, alors une direction exclusive vers la chirurgie, où ses aptitudes, ses qualités personnelles et la nature de son esprit pouvaient s'épanouir mieux qu'en tout autre point du champ médical.

C'est de cette époque que datent un Nouveau procédé pour la désarticulation du genou, les Recherches sur la cessation spontanée des hémorrhagies et sur les moyens d'oblitérer les artères autres que la ligature et la torsion, un Examen critique des appareils a extension pour les fractures du membre inférieur, des procédés opératoires pour l'*oblitération des fistules laryngiennes*.

Mais quelle que fût la valeur de ces travaux isolés, ils n'étaient que des indices d'une œuvre considérable qui vit le jour au milieu de 1832. Depuis moins de dix ans, c'était le troisième traité que publiait Velpeau. Les NOUVEAUX ÉLÉMENTS DE MÉDECINE OPÉRATOIRE se composaient de trois volumes et d'un atlas.

C'était l'exécution d'un projet depuis longtemps caressé sous différentes formes. Le prosecteur avait médité un simple manuel, mais le chirurgien d'hôpital, parlant au nom de son expérience présente, le candidat populaire à une chaire de la Faculté, devait avoir d'autres visées. Il ne pouvait vouloir moins qu'un traité complet. Le manuel n'était cependant point tant à dédaigner. Malgaigne l'a bien prouvé. Son petit livre si clair, si précis, si rigoureusement exact est resté pendant longues années le catéchisme de tous les aspirants chirurgiens. Le plan des ÉLÉMENTS DE MÉDECINE OPÉRATOIRE était toutefois digne d'éloges et constituait par lui seul un progrès important. Tout en voulant éviter l'écueil où était tombé Sabatier : la confusion de la pathologie avec la médecine opératoire, notre auteur visait surtout à envisager l'étude des opérations au point de vue de la thérapeutique chirurgicale. L'histoire, l'appréciation et la comparaison des méthodes, les accidents, les indications et contre-indications, les résultats, constituaient les divisions fondamentales de chaque chapitre. C'était ouvrir une voie nouvelle et large, car depuis trente ans la majeure partie du mouvement chirurgical s'est accompli par elle. Sans perdre leur importance nécessaire, les détails de manœuvre opératoire sont passés au second plan, et ce qu'on a voulu connaître pour chaque méthode et chaque procédé, c'est sa valeur réelle, sa convenance dans les différents cas et son efficacité définitive. Sous l'empire de ces idées, beaucoup de travaux fructueux ont vu le jour, une foule de questions ont été résolues ou sont près de l'être, mais à mesure qu'on avance, l'horizon s'agrandit et laisse le champ libre à de nouvelles recherches.

A côté de ces qualités de premier ordre, il y avait cependant des défauts marqués. La méthode générale n'était pas toujours très-rigoureuse, le chapitre des indications devenait parfois un chapitre de pathologie, les petites opérations étaient passées sous silence, enfin et surtout aucune indication bibliographique n'accompagnait les nombreuses citations des noms d'auteurs. Sur ce dernier point, la critique se montra intraitable et à juste titre. L'auteur y fut sensible et essaya, sans y parvenir complétement, de la désarmer dans sa seconde édition de 1839. Un quatrième volume et d'assez nombreuses corrections furent le résultat de cette tentative.

Cependant, messieurs, le gouvernement de 1830 s'était empressé de rapporter l'ordonnance illégale du 21 novembre 1822 et de destituer les professeurs arbitrairement nommés en février 1823. Le concours pour les places de professeur à la Faculté de médecine créé par le premier empire, aboli par la restauration, était rétabli et devait par la suite avoir cette étrange destinée de disparaître à la naissance du second empire comme il avait disparu au retour des Bourbons.

La Faculté allait bientôt compter dans son sein dix professeurs nouveaux, jeunes, ardents, sortis vainqueurs de luttes publiques, prêts à soutenir vaillamment et à faire grandir encore la renommée de l'école de médecine. Nous les avons vus à l'œuvre, nous les avons entendus au milieu de la foule des élèves, et si quelques-uns brillaient d'un plus vif éclat, la plus rigoureuse justice impose de dire qu'aucun ne déparait ce bel ensemble !

Velpeau avait sa place marquée d'avance dans cette pléiade. Dès 1831, il se présente au concours de pathologie externe. Notre éminent collègue M. Cloquet, désigné par l'opinion, l'emporte presque à l'unanimité des voix. La même année, Pierre Bérard est nommé à la chaire de physiologie. En 1833, nouveau concours de pathologie externe. Velpeau fut bien près du succès. Un de mes prédécesseurs que je voudrais pouvoir imiter, M. Broca, vous a dit autrefois, dans un de ses plus remarquables éloges, par suite de quelles combinaisons, de quelles luttes d'influence entre Dupuytren et Orfila, l'astre éclipsé et l'astre naissant, le nom de Velpeau fut écarté du ballottage, et comment celui de Gerdy sortit de l'urne à l'étonnement de tous et du candidat lui-même. La science et l'enseignement n'avaient qu'à gagner à ce choix, et bientôt d'ailleurs tous les vaincus allaient être vainqueurs à leur tour. A peine le concours pour la chaire de clinique d'accouchements était-il terminé par la nomination de M. Paul Dubois, que Velpeau descendait pour la cinquième fois dans l'arène, et le 6 août 1834 était élu à la chaire de clinique chirurgicale laissée vacante par la mort de Boyer.

Deux thèses importantes avaient été écrites pour ces concours, l'une sur LA CONTUSION DANS TOUS LES ORGANES, l'autre sur LES PLAIES DE TÊTE ET LE TRÉPAN.

Le nouveau professeur allait commencer à l'hôpital de la Charité ce remarquable enseignement qu'il poursuivit pendant trente-trois ans avec une inexorable régularité et un succès constant.

Membre de l'Académie de médecine depuis deux ans déjà, professeur acclamé et fort suivi, Velpeau avait atteint une situation digne d'envie, et plus d'un s'en serait tenu là. Mais la pratique hospitalière devait lui fournir de nouveaux sujets de travail et peut-être entrevoyait-il, dans un avenir incertain, le moyen d'atteindre une situation plus haute encore. Il avait tant fait, il était parti de si bas qu'il pouvait bien parfois entendre murmurer dans le silence de son cœur cette audacieuse devise : *Quo non ascendam !* Ces rêves, qui ne les a eus, messieurs, qui ne s'en est bercé? Chimères pour les uns, réalités pour d'autres! Je voudrais pouvoir dire : chimères pour les faibles, réalités pour les forts, mais il y a trop d'âmes vaillantes qui succombent noblement, trop de passions basses enivrées de succès, pour que ces mots ne soient pas un leurre.

Fort peu de temps après sa nomination au professorat, Velpeau publiait un important travail qui se rattachait à un ensemble d'idées cultivées et défendues par lui dès le début de sa carrière. Dans sa thèse inaugurale, dans sa thèse d'agrégation, dans les journaux du temps, et plus tard dans son MÉMOIRE SUR LA PHLEGMATIA ALBA DOLENS, de 1823 à 1830, il s'était constitué le défenseur tenace de l'altération primitive des liquides organiques. C'était une réaction fondée contre les opinions régnantes de l'époque. Velpeau s'en faisait gloire, et jamais il ne cessa de revendiquer l'honneur d'avoir combattu sous cette bannière. De fait, cette revendication était juste : outre que le MÉMOIRE SUR LES MALADIES DU SYSTÈME LYMPHATIQUE, publié en 1835 et 1836 dans les ARCHIVES GÉNÉRALES DE MÉDECINE, contient la première description régulière et dogmatique de l'angioleucite, outre divers écrits sur l'érysipèle traumatique et son étiologie, il est bien certain que le professeur de la Charité a une part incontestable dans la découverte de la maladie que nous appelons aujourd'hui infection purulente.

Depuis longtemps les observations de Morgagni, les paroles de Jean-Louis Petit et de Ledran étaient oubliées. A peine connaissait-on, abstraction faite de toute théorie, les abcès multiples qui se développent à la suite des traumatismes; tout au plus étaient-ils regardés comme liés aux plaies de la tête et se développant exclusivement dans le foie. Dupuytren les avait pris pour des tubercules ramollis !

Presque en même temps que Ribes et bien plus complétement que lui, Velpeau appela sur eux l'attention ; il les suivit dans les nombreux organes où ils se développent, leur adjoignit les épanchements purulents des cavités séreuses ou articulaires, rattacha ces lésions multiples à l'existence d'un foyer de suppuration et soutint qu'elles devaient être attribuées à une altération du sang causée par la résorption du pus ou des liquides putrides.

Il est vrai que Velpeau n'alla pas plus loin. On lui opposa bientôt la phlébite adhésive, l'impossibilité du passage des éléments figurés du pus à travers les vaisseaux capillaires, c'est-à-dire l'impossibilité de l'absorption véritable du pus. Sur ces différents points, il n'ajouta rien aux connaissances nouvelles, mais ces questions sont encore aujourd'hui loin d'être clairement résolues, et d'ailleurs c'était beaucoup d'avoir établi les faits et rattaché les principaux anneaux de la chaîne.

Bientôt des questions thérapeutiques importantes allaient attirer son attention, et une série de travaux sur les injections d'iode devait le conduire à des recherches générales sur le sujet.

Que Velpeau ait eu des prédécesseurs dans l'essai des injections iodées, cela ne paraît guère douteux, mais ce qui est incontestable, c'est qu'il publia le premier en France des observations d'hydrocèles guéries par la teinture d'iode injectée dans la tunique vaginale et qu'il fut le promoteur actif de cette excellente méthode, adoptée aujourd'hui sinon universellement, au moins très-généralement. Bien plus, ses premières tentatives devinrent le point de départ d'applications nouvelles qui agrandirent singulièrement les ressources de la thérapeutique. Si bien qu'en 1842, le professeur de la Charité pouvait résumer ces applications déjà fort nombreuses dans un volumineux Mémoire sur les cavités closes naturelles et accidentelles, où celles-ci étaient étudiées sous toutes leurs faces : anatomie générale, descriptive, développement, désordres pathologiques et enfin thérapeutique. Les meilleures parties de ce long travail, qui ouvrit à son auteur les portes de l'Institut, sont incontestablement l'anatomie descriptive et la thérapeutique.

Ce mémoire, ainsi que d'autres travaux importants, est consigné dans les Annales de la chirurgie française et étrangère, que Velpeau fonda en 1840 avec MM. Bégin, Vidal (de Cassis), et Marchal (de Cavi), et qu'il dirigea jusqu'en 1845, époque où ce recueil cessa de paraître.

On se souvient encore du bruit que produisirent vers 1840 les opérations tentées contre le bégayement et le strabisme. Du fond de l'Allemagne jusqu'en Angleterre, les imaginations s'enflammèrent subitement comme une traînée de poudre. C'était une véritable débauche opératoire. Les procédés pleuvaient plus drus que la grêle, et la dignité médicale eut fort à souffrir de cet orage. Ce tapage ne pouvait rien produire de bon.

Toutes les tortures inutiles qu'on avait infligées aux bègues, tous les petits lambeaux taillés dans leur langue, toutes les sections de génio-glosses et d'hyo-glosses rentrèrent dans le silence, mais du même coup la thérapeutique du strabisme fut compromise pour plus de vingt ans. Velpeau prit part à ce mouvement. Un article prudent Sur le bégayement et un bon Mémoire sur le strabisme composèrent sa contribution. Son procédé opératoire était assurément l'un des meilleurs, l'un de ceux qui se rapprochaient le plus de la méthode actuelle, et d'autre part il faisait ressortir les troubles de la vision qui accompagnent si fréquemment le strabisme. Encore quelques pas, et la question pouvait être résolue. Mais des opérations déréglées avaient compromis la méthode, et désormais il fallait attendre que des découvertes précieuses, venues de l'étranger, nous apportassent de nouvelles lumières sur les mouvements du globe oculaire, sur certains états jusqu'alors inconnus de la réfraction, l'hypermétropie par exemple, et sur les moyens de corriger sans opération, ou après elle, la vision binoculaire des louches, en rétablissant par des verres appropriés la parité de leurs yeux.

Le moment approchait où Velpeau allait cueillir sa dernière palme. La section de médecine de l'Institut, qui venait de s'adjoindre M. Andral, était encore incomplète depuis la mort de Larrey. Cet héritage illustre était disputé par de nombreux compétiteurs. Après bien des difficultés, la section dressa la liste dans l'ordre suivant : 1° Lallemand ; 2° Lisfranc ; 3° Ribes ; 4° Gerdy et Velpeau ; 5° Amussat, Begin et Jobert.

Trois hommes de première valeur figuraient sur cette liste, c'étaient Lallemand, Gerdy et Velpeau. Lallemand succomba cette fois, mais deux ans plus tard il prenait le fauteuil de Breschet. Gerdy ne devait jamais entrer à l'Académie des sciences ; Gerdy, le grand anatomiste, le pathologiste original, le philosophe, le penseur ! En lui l'Institut méconnut un des siens, un de ces hommes rares chez qui la puissance intellectuelle s'équilibre avec la beauté morale.

L'élection eut lieu le 3 avril 1843. Après trois tours de vote, les voix de Civiale se reportant sur Velpeau, celui-ci fut nommé par 33 suffrages contre 26 donnés à Lallemand.

A l'âge de quarante-huit ans, il atteignait l'apogée de sa carrière. Boyer et Dupuytren n'existaient plus ; la santé de Gerdy était chancelante ; Blandin, Sanson et Auguste Bérard étaient encore au second plan ; Velpeau se plaçait au premier, près de Roux, son maître, et bientôt même il devenait le représentant le plus actif et le plus renommé de la chirurgie française.

Absorbé par l'enseignement, la pratique hospitalière et ur-
baine, les Académies, les Sociétés savantes, il pouvait désormais sinon se reposer, car il ne se reposa jamais, au moins
attendre, pour reprendre la plume, le moment où son immense expérience et son incessante observation feraient sur-
gir une œuvre magistrale.

Presque dès le début de sa carrière, mais surtout depuis
qu'il était chirurgien de la Charité, l'étude des maladies du
sein avait attiré son attention. Il avait écrit l'article MAMELLE
pour le RÉPERTOIRE DES SCIENCES MÉDICALES, et plus tard pour le
DICTIONNAIRE en trente volumes ; il avait pris part à la discus-
sion académique de 1844 sur les tumeurs fibreuses du sein,
et mettant à contribution les matériaux de plus en plus nombreux que lui fournissaient l'hôpital et la clientèle, reprenant
fréquemment ces sujets dans son enseignement clinique, il
composa lentement le TRAITÉ DES MALADIES DU SEIN, qui parut
au commencement de 1854 et fut réédité en 1858.

C'était une vaste monographie, laissant bien loin derrière
elle les publications antérieures, et reposant sur un chiffre de
près de deux mille observations. L'auteur suivait la même méthode que dans ses autres travaux ; mais sa propre pratique lui
fournissait un fonds tellement riche, qu'il pouvait passer,
ou du moins négliger les questions d'histoire et de bibliogra-
phie, pour rester sur le terrain de la clinique et des faits.

Ce livre remarquable, le plus original, le plus personnel,
et probablement le plus durable de Velpeau, contenait tout
un corps de doctrine sur les tumeurs chroniques de la glande
mammaire. Préoccupé surtout des questions de pronostic et de
diagnostic, où il excellait, il avait voulu établir aussi sûrement
que possible les caractères cliniques des diverses tumeurs.
Dans cet ordre d'idées, il en était arrivé à dénommer et à dé-
crire ce qu'il appelait les tumeurs adénoïdes, groupe informe
au point de vue de l'histologie, mais légitime sous le rapport
de la marche et de la symptomatologie, qui contrastaient pro-
fondément avec celles des tumeurs récidivantes et infec-
tieuses. Mais dans cette recherche il côtoyait souvent et heur-
tait parfois les travaux entrepris et suivis depuis une dizaine
d'années, sur l'histologie normale et pathologique, par une
pléiade de jeunes hommes déjà distingués et appelés plus tard
à arriver aux premiers rangs.

Ce conflit, où tout n'était pas désaccord, tant s'en faut, ne
tarda pas à se produire au grand jour de la tribune académique, et pendant quatre mois le public médical soutint de

sa plus vive attention les champions qui se mesuraient, soit à la tribune, soit dans les journaux.

On ne raconte pas une bataille devant ses combattants. Je craindrais, en touchant le détail de cette lutte mémorable, de ne pas satisfaire ceux de nos collègues qui y prirent une part active, et je craindrais encore de ne pouvoir qu'effleurer un des problèmes les plus ardus, les plus complexes, les plus obscurs de la pathologie des tumeurs.

Velpeau avait été réservé dans son livre. Il se contentait de revendiquer pour l'observation clinique contre l'observation microscopique, le droit de prononcer en dernier ressort sur les questions relatives à la marche, à l'évolution et au pronostic des néoplasmes. Mais la tribune a ses entraînements. Il voulut développer ses idées écrites, asseoir ses preuves sur des démonstrations nouvelles, et prouver en fin de compte que les recherches histologiques n'ayant pas toujours su éviter l'erreur, elles étaient bonnes tout au plus à donner des tardives confirmations à la clinique. C'était aller trop loin et compromettre, par l'exagération, d'importantes vérités définitivement acquises.

L'Académie ne comptait alors dans son sein aucun micrographe; cependant, un homme, un de nos anciens et respectés collègues, un maître aimé pour quelques-uns d'entre nous, Robert soutint vigoureusement l'attaque, et sur bien des points rétablit, malgré son illustre contradicteur, les droits légitimes de l'observation histologique.

Aujourd'hui que ces discussions sont sinon éteintes, car les questions ne sont pas encore résolues, au moins assoupies, nous pouvons dominer ces prétentions exagérées de part et d'autre. Dans les sciences, tout s'enchaîne et tout s'harmonise. Une branche plus avancée attire à elle celles qui retardent. Si la physiologie rend des services à la pathologie, combien de fois celle-ci n'a-t-elle pas lancé des éclairs sur les obscurités physiologiques? combien de fois encore la pathologie n'a-t-elle pas rappelé l'anatomie à de plus rigoureuses constatations et réciproquement? Aucune partie de la science ne peut en dominer d'autres; toutes s'entr'aident forcément et d'un commun effort marchent vers le progrès.

Aussi, n'était-ce pas pitié d'entendre dire naguère encore que la chimie, la physique, l'anatomie, la physiologie, le microscope, le laboratoire, tous les engins puissants de la science moderne doivent céder le pas à la médecine traditionnelle et à l'observation vierge de tout mélange impur? Les sciences sont une république, le mot est aussi vrai que vieux. Les conquêtes de l'une profitent à toutes et projettent la lumière sur les immenses ténèbres de l'inconnu. A chacune donc la faculté d'éclairer à son tour la sainte cohorte, mais pour chacune aussi l'impérieuse obligation de ne point entraver la marche générale sous peine de disparaître bientôt dans les brumes de l'oubli !

A partir de cette époque, la vie scientifique de Velpeau devint moins active. La clientèle lui avait donné une fortune considérable ; il essaya d'en jouir sans y réussir complétement. Toujours prêt à entrer en lice dès que ses travaux ou ses idées étaient en cause, il prit part plusieurs fois encore à des discussions académiques sur *les accidents secondaires de la syphilis*, sur les *maladies puerpérales*, sur la *méthode sous-cutanée*. Il rédigea encore quelques articles, entre autres, la description de l'*angioleucite* pour le DICTIONNAIRE ENCYCLOPÉDIQUE DES SCIENCES MÉDICALES. Mais son œuvre était achevée. Désormais, c'était un vétéran de la science. Appuyé sur ses nombreux élèves, respecté de tous, il regardait grandir les générations nouvelles et retrouvait une sorte de jeunesse en se mêlant à leur mouvement.

D'ailleurs, la maladie respectait son tempérament sec. Jusque dans les deux dernières années de sa vie, il semblait insensible à la marche du temps. Cependant il supporta mal l'hiver de 1867. Bientôt il éprouva des crises douloureuses qu'il affrontait solitairement et avec un courage stoïque. Il se roidissait contre la maladie et cachait sa souffrance à ses plus intimes amis. Cette volonté de fer ne consentait pas à se courber ; elle fut terrassée en quelques jours. Le 18 août il avait été forcé de prendre le lit, et, malgré les soins dévoués de ses amis, il expirait le 24 à dix heures du matin, en murmurant dans le délire ces mots qui guidèrent sa longue existence : « Il ne faut pas être paresseux ; travaillons toujours. »

Cette immense carrière avait été parcourue d'un pas égal, sans écart, sans digression, sans trêve, vouée tout entière à la chirurgie et aux sciences chirurgicales.

Une rare puissance de travail, une volonté tenace, une intelligence pénétrante, un grand bon sens, un esprit positif et craignant les sommets trop escarpés, constituèrent le sol fécond où se développa cette plante vigoureuse.

C'est à ce bon sens et à l'influence de son instruction médicale près de Bretonneau que Velpeau dut ses premiers succès en arrivant à Paris. Les doctrines de Broussais se ruinaient par leurs conséquences excessives. Il contribua victorieusement à les combattre dans un opuscule qui attira l'attention et dont il se fit longtemps un mérite.

Ayant étudié et pratiqué la médecine avant de se consacrer à la chirurgie, il resta toute sa vie médecin, l'homme du remède et de la guérison ; et cette tendance dont il se glorifiait se manifesta clairement dans sa pratique et dans ses œuvres. C'est par là qu'il différait de beaucoup de chirurgiens du même temps, qui n'avaient pas le même point de départ.

Son œuvre écrite est des plus vastes. En y comptant les articles de dictionnaire, les notes, rapports et communications éparses dans les recueils, elle représenterait aisément vingt volumes. Mais cette exubérante fécondité, qui prouve la toute-puissance du travail, n'est point exempte d'inconvénients. Il faut plus que la force d'un homme pour embrasser ainsi toutes les parties d'une science, et si l'entreprise est séduisante, si l'on applaudit à sa hardiesse, que de craintes son issue ne doit-elle pas inspirer ?

Quand on songe que toute la gloire de J. L. Petit tient dans un volume, que celle d'Astley Cooper a la même mesure, quand on voit ce qu'ont laissé Desault, Dupuytren et même Boyer qui résuma tout un siècle, l'esprit reste émerveillé ou confondu devant les innombrables travaux de Velpeau.

Beaucoup d'entre eux furent composés trop hâtivement. A peine le plan conçu, l'ouvrage était commencé et achevé en quelques mois. Une critique insuffisante, des vues historiques sans contrôle possible, un certain désaccord et même des contradictions entre quelques parties du livre, résultaient de cette précipitation et ne purent pas toujours être réparées par des éditions ultérieures. Néanmoins, même pour les ouvrages où ces critiques sont le mieux fondées, on pouvait constater des qualités de haute valeur. Un plan général tracé avec ampleur, une grande richesse de matériaux mis en œuvre avec une méthode rigoureuse, des déductions justes et des préceptes sages.

Aucune ombre ne se projetait sur ces qualités quand Velpeau se plaçait sur le terrain de l'observation, de l'actualité et de la pratique. Là sa vaste instruction et son jugement droit étaient dans leur élément ; surtout lorsqu'il eut acquis l'expérience dont il profita si merveilleusement. Aussi ses meilleures publications sont-elles celles où il se borna à exposer les résultats de sa propre observation. Le nombre en est encore considérable et suffit amplement à maintenir sa renommée dans l'avenir.

Quoique Velpeau ne soit pas un inventeur, qu'il n'ait attaché son nom à aucune découverte considérable, il faut lui reconnaître un rôle de premier ordre dans le mouvement et les progrès de la chirurgie de notre siècle.

Il est un de ceux qui firent connaître l'infection purulente. La description de l'angioleucite lui appartient. C'est lui qui patronna et introduisit dans la pratique les injections iodées. Plus qu'aucun autre, il contribua à débrouiller la confusion des idées sur la pathologie des tumeurs. Leur diagnostic et le diagnostic chirurgical en général lui doivent d'immenses progrès. Il contribua à rectifier des doctrines exagérées sur la nature et l'étiologie des maladies inflammatoires de l'œil, fixa l'attention sur la fièvre uréthrale, créa réellement le diagnostic des diverses espèces de panaris et des phlegmons de la main, vulgarisa l'emploi des appareils inamovibles déjà connus, mais qu'il rendit plus facilement applicables par l'usage de la dextrine. Enfin l'étude des maladies du sein a été restaurée par lui et remaniée de fond en comble.

Dans son enseignement, Velpeau suivait une méthode simple, claire, facile, pour les élèves. Il la suivait même avec une fidélité trop constante et n'échappait pas à la monotonie, mais ses leçons étaient substantielles ; les auditeurs en saisissaient .l'application prochaine et prêtaient au professeur une attention soutenue. Ses élèves de tout âge et de tout rang sont extrêmement nombreux ; beaucoup occupent maintenant des positions éminentes, et si la mort impitoyable n'avait déjà éclairci leurs rangs en frappant nos chers collègues Follin, Foucher, Baucher, Jarjavay, j'eusse dû m'effacer devant leur pieux souvenir et leur céder le périlleux honneur de parler aujourd'hui.

Le praticien était d'ailleurs à la hauteur de toute comparaison. Également sûr dans le conseil et dans l'action, opérateur tenace et prudent, ne se risquant qu'aux hardiesses utiles et les poursuivant avec fermeté, son exemple valait au moins ses leçons. On a dit qu'il fut l'adversaire systématique de plusieurs innovations utiles. C'est une erreur. Le rôle de modérateur convient à ceux dont l'expérience et l'instruction ne sont plus contestées ; ce fut le sien, et s'il l'exagéra quelquefois un peu, il n'y faut voir que l'invincible tendance de la nature humaine.

Il était fort écouté dans les discussions académiques. Sa parole aisée, parfois malicieuse, sa dialectique nourrie et méthodique entraînaient les opinions hésitantes et même les convictions opposées. Cependant il se laissa quelquefois guider, dans ces joûtes oratoires, par des considérations secondaires, et, n'ayant ni l'instruction littéraire qui assouplit les formes, ni la phrase harmonieuse qui séduit les auditoires, ni ce souffle puissant qui les passionne, il lui arriva plus d'une fois de ne remporter que des demi-victoires, quand un peu plus d'élévation lui eût assuré un triomphe absolu.

Les ardentes passions et les convictions vigoureuses qui font les grands caractères, la vivacité de sentiments délicats qui inspire les artistes, les hautes conceptions des penseurs prophétiques, n'existaient pas chez Velpeau. Mais si son vol fut plus humble, il ne fit jamais de ces écarts violents auxquels sont exposés ceux dont l'audace dépasse l'énergie ; jamais il n'entraîna la science qu'il cultivait dans des voies dangereuses ou décevantes ; il en accrut la domaine sans le compromettre.

Ses qualités isolées se rencontrent chez beaucoup d'hommes médiocres. Leur puissant assemblage en fit un homme supérieur. En lui, le chirurgien était complet et véritablement grand. Il avait tout ce qu'il faut pour remplir ce rôle et il le remplit dignement.

C'est sous ce point de vue que la postérité le jugera, et, se souvenant de ses labeurs et de leurs fruits, elle le rangera parmi ceux qui ont bien mérité de l'humanité.

Paris. — Imprimerie de E. MARTINET, rue Mignon, 2.